평범한 우리 어린이들을 다음 세대
위인으로 만들어 줄 교과서 위인 이야기!
효리원의 교과서 위인 이야기는 초등학교
교과 과정에 나오는 국내외 위인들을, 우리나라
최고 아동 문학가 53인이 재미있게 동화로 구성했습니다.
지혜와 용기로 위대한 삶을 산 위인들의 이야기는,
어린이들의 마음속에 '나도 할 수 있다.'는
희망의 씨앗을 심어 줄 것입니다!

KB192173

일러두기

1. 띄어쓰기와 맞춤법 : 초등학교 국어 교과서와 국립국어원의 『표준국어대사전』을 기준으로 하였습니다.

2. 외래어 지명과 인명 : 국립국어원의 『외래어 표기 용례집』을 기준으로 하였습니다.

3. 이해가 어려운 단어 : ( ) 안에 뜻풀이를 하였습니다.

4. 작가 연보 : 연도와 함께 나이를 표기하고, 업적을 간략히 소개하였습니다. 우리나라 위인은 태어난 해를 한 살로 하였고, 외국 위인은 만 나이로 태어난 다음 해를 한 살로 하였습니다. 정확한 자료가 없는 위인은 연도와 업적만을 나타냈습니다.

5. 내용 구성 : 위인의 삶은 역사적 자료를 바탕으로 최대한 사실적으로 구성하였습니다. 그러나 읽는 재미를 위해 대화 글이나 배경 묘사, 인물의 감정 표현 등에 작가의 상상력을 더했습니다.

6. 그림 구성 : 문헌을 바탕으로 위인이 살던 시대를 충실히 나타내도록 하되 복식의 색상이나 장식, 소품, 건물 등은 작가의 상상으로 그렸습니다.

7. 내용 감수 : 각 분야의 전문가들로 구성된 편집 위원들이 꼼꼼히 감수를 하였습니다.

편집 위원

김용만(우리역사문화연구소장)
교과서에서 만나는 위인들을 중심으로 일화와 함께 그림과 사진을 곁들여 지루하지 않게 읽을 수 있습니다. 술술 읽다 보면 학교 공부에도 많은 도움이 될 것입니다.

신현득(동시인, 전 새싹회 회장)
우리가 자주 듣고 접하는 역사 속 실존 인물들이 자신의 꿈을 이루기 위해 어떻게 노력했는지 깨달아 가면서 우리 어린이들은 한층 더 성숙해질 것입니다.

윤재운(동북아역사재단 연구 위원)
위인전을 읽으면서 어린이들은 시대를 넘어 간접 체험을 할 수 있습니다. 어떻게 살아야 하는지 인생에 대한 동기 부여와 함께 삶이 보다 풍요로워질 것입니다.

이은경(철학 박사, 전북과학대 유아교육학과 교수)
한 사람의 인격과 품성은 어릴 때 형성됩니다. 따라서 초등학교 저학년 때 어떤 책을 읽느냐에 따라 생각의 크기가 달라집니다. 어린이의 미래를 위해 이 책은 꼭 읽어야 합니다.

이창열(하버드 대학교 물리학 박사, 전 국가과학기술자문회의 전문 위원)
세상을 바꾼 위대한 인물의 이야기는 어린이의 인성 및 감성 발달에 큰 영향을 미칠 뿐 아니라 실험 정신과 개척 정신을 길러 줍니다. 용기와 지혜로 세상을 헤쳐 나가는 당당한 어린이를 꿈꾼다면 이 책은 꼭 한번 읽어 보아야 합니다.

정재도(한글학자)
위인으로 일컬어지는 이들은 어떤 생각을 하고, 어떤 삶을 살았을까요? 그들의 흔적을 남은 위인전은 복잡한 현대를 이끌어 갈 우리 어린이들에게 나침반과 같은 역할을 할 것입니다.

조수철(서울대학교 의과대학 소아정신과 교수)
위인전은 시대와 신분, 업적이 다른 위인들의 삶이 다양하고 흥미롭게 구성되어 있어 손쉽게 여러 삶의 모습을 만날 수 있습니다. 용기 있게 고난을 헤쳐 나간 위인의 이야기를 통해 삶의 지혜를 배울 수 있을 것입니다.

두 차례나 노벨상을 받은 여성 과학자

마리 퀴리

백승자 글 / 원유미 그림

효리원
hyoreewon.com

이 책을 읽는 학부모님과 선생님께

폴란드의 수도 바르샤바에서 태어난 마리 퀴리는 유난히 총명했습니다. 타고난 재능과 검소한 성품을 지닌 그가, 사랑하는 조국 폴란드를 떠나 프랑스 파리에서 시작한 가난한 유학생 시절의 일화가 전설처럼 전해 옵니다.

천재 물리학자 피에르를 만나 결혼한 마리는 남편과 함께 방사능을 연구하여 노벨 물리학상을 받았습니다. 사고로 남편을 여읜 뒤에도 연구를 거듭하여 노벨 화학상을 또 한 번 수상했을 정도로 위대한 여성 과학자입니다.

마리 퀴리의 과학 실험과 연구 과정을 이야기하는 대목에는 전문 용어가 더러 들어 있습니다. 용어에 매달리기보다는 마리의 연구 성과가 오늘날까지도 우리들의 삶에 커다란 영향을 미치고 있다는 사실을 일깨우는 정도로 지도해 주시면 좋겠습니다.

어려서는 어머니를 여의고, 서른아홉의 젊은 나이에 남편을 잃은 마리 퀴리의 인생은 결코 순탄하지 않았습니다. 그러나 어떤 고난이든 잘 이겨 내고, 과학 역사에 길이 남을 눈부신 업적을 쌓은 그의 일생에서 우리는 깊은 감동을 받게 됩니다.

과학자로서의 실험과 연구 실적을 비롯하여, 가족을 지극히 사랑했던 사실들에 비추어 보면, 그는 무척이나 성실하고 따뜻한 성품의 사람이었을 것입니다.

마리 퀴리는 소명을 다하는 동안, 자신도 모르는 사이 방사능에 오염되어 백혈병을 앓다가 세상을 떠났습니다.

상대성 원리로 유명한 아인슈타인은 훗날, '그는 유명해진 뒤에도 순수함을 잃지 않은 사람'이라며 마리 퀴리를 기억했습니다.

인류를 위해 진심으로 희생하고 봉사했던 마리 퀴리의 삶은 이 시대를 살아가는 어린이들이 좋은 본보기로 삼기에 충분합니다.

아무쪼록 이 책을 읽는 어린이들이 마리 퀴리의 빛나는 업적 뒤에 가려진 순수한 열정과 고운 영혼을 눈여겨보고, 더 큰 꿈을 꾸게 되기를 바랍니다.

마리 스클로도프스카는 러시아의 식민지였던 폴란드의 수도 바르샤바에서 태어났습니다. 5남매 가운데 막내로, 귀여움을 받고 자란 마리는 남을 사랑할 줄 아는 따뜻한 성품을 지녔습니다. 부모님과 형제를 위해 기쁘게 희생했을 뿐 아니라, 스스로 학비를 마련하며 파리의 소르본 대학에서 물리학을 공부할 만큼 강한 정신력을 지녔습니다.

프랑스의 천재 과학자 피에르 퀴리와 결혼한 마리는 남편과 함께한 연구와 실험을 통해 과학 분야에 대단한 업적을 쌓았습니다. 방사성 원소 라듐과 폴로늄을 발견하고 연구하여 노벨상을 두 차례나 받을 만큼 위대한 과학자가 된 것입니다.

그뿐 아니라 두 딸을 키우는 어머니로서도 최선을 다했습니다.

어려서부터 조국을 빛내는 사람이 되고자 했던 꿈이 이루어진 것은, 무엇보다도 마리 퀴리의 끊임없는 노력의 결과입니다.

방사능 오염으로 백혈병을 얻어 세상을 떠날 때까지, 인류에 대한 사랑 역시 변함이 없었던 마리 퀴리의 삶 속에서 어린이들은 위대한 교훈을 얻을 수 있습니다.

글쓴이 백승자

차 례

마리 퀴리는 1867년 11월 7일 폴란드의 수도 바르샤바에서 태어났습니다. 본디 이름은 '마리 스클로도프스카'인데, '마냐'라는 애칭으로 불렸습니다.

5남매 가운데 막내인 마냐는 온 가족의 사랑을 독차지하며 행복한 어린 시절을 보냈습니다.

마냐는 오빠, 언니 들과 어울려 노는 동안 스스로 글을 깨우쳐 읽고 쓸 만큼 영리한 아이였습니다.

다섯 살 때는 언니의 책을 또박또박 읽어서 주위 사람들을 놀라게 한 적도 있었습니다.

마냐는 서재에서 놀기를 유난히 좋아했습니다. 과학 선생님
인 아버지의 책과 과학 실험 기구들이 많은 그곳에만 들어서

면 시간 가는 줄을 몰랐습니다.

"참으로 신기한 것들이야……."

자연스럽게 마냐는 이다음에 물리 실험 기구를 마음껏 다루는 사람이 되겠다는 꿈을 키워 나갔습니다.

마냐는 두 살 위인 헬레나 언니와 함께 학교에 들어갔습니다. 나이는 어리지만 마냐는 누구보다도 공부를 잘해서 똑똑한 아이로 소문이 났습니다.

훗날 헬레나는 그때를 돌이키며 이렇게 말했습니다.

"마냐는 어릴 때 통통하고 귀여운 아이였다. 곱슬곱슬한 금발 머리를 까만 벨벳 리본으로 묶고, 주름 장식이 달린 앞치마를 두른 모습이 눈에 선하다. 마냐의 눈빛은 부드럽고 따뜻하면서도 아주 진지했다. 학급에서 나이가 가장 어렸지만, 누구보다도 총명하고 기억력이 뛰어났다……."

그 당시 폴란드는 러시아의 지배를 받고 있었습니다. 러시아 정부는 수업 시간에 러시아 말만 쓰라고 강요했습니다.

역사 선생님이 몰래, 폴란드 말로 수업을 하던 어느 날이

었습니다. 갑자기 비상벨 소리가 짧게 세 번 울렸습니다. 그 것은 러시아 인 장학관이 학교에 시찰을 나왔다는 신호였습니다.

"빨리빨리! 서둘러!"

학생들은 급히 폴란드 역사책을 숨기고, 책상 위에 뜨개질 감을 올려놓았습니다.

잠시 후, 장학관이 거만한 모습으로 교실에 들어왔습니다.

"지금 무슨 과목을 공부하고 있지요?"

"예, 일주일에 두 번 하는 뜨개질 실습 시간입니다."

장학관의 물음에 대답하는 선생님의 목소리가 가늘게 떨렸습니다.

"흐음, 러시아 역사 공부를 얼마나 열심히 했는지 학생들에게 질문을 하고 싶소. 누가 대답을 할 텐가?"

장학관이 아이들을 둘러보며 말했습니다.

순간, 간절함이 담긴 선생님의 눈빛이 마냐를 향했습니다.

'마냐, 너만 믿는다…….'

선생님의 속마음을 읽은 마냐는 주먹을 힘껏 쥔 채 일어섰습니다.

"러시아 말로 기도문을 외워 보아라."

마냐는 침착하게 숨을 고른 다음, 줄줄 외워 보였습니다. 한 군데도 틀리지 않았습니다.

"좋아. 다음은 예카테리나 2세 이후의 러시아 황제 이름을 말해 보아라."

"파벨 1세, 알렉산드르 1세, 니콜라이 1세……."

장학관이 마냐에게 한 발짝 더 다가서며 물었습니다.

"지금, 우리 모두를 다스리는 분은 누구시지?"

순간 마냐는 입을 꾹 다물었습니다.

나라를 빼앗긴 폴란드 사람에게는 너무나 자존심이 상하는 질문이었기 때문입니다.

머뭇거리던 마냐는 장학관의 찌푸린 얼굴을 보고 어쩔 수 없이 작은 소리로 대답했습니다.

"러시아 황제……, 알렉산드르 2세 폐하이십니다……."

“옳지! 제대로 알고 있구나.”

장학관은 흐뭇한 미소를 지으며 교실에서 나갔습니다.

마냐는 와락, 울음을 터뜨렸습니다.

“물론 내키지 않았을 테지. 마냐, 우리 모두 네 마음을 충분히 안다…….”

“선생님…….”

러시아 황제가 폴란드를 다스린다고 말할 수밖에 없는 현실이 너무 가슴 아파서 선생님과 친구들도 잇달아 흐느꼈습니다.

‘힘없는 내 조국, 폴란드를 위해 온 힘을 쏟을 거야!’

한결같이 마음속으로 이 같은 약속을 새기고 있었습니다.

가족 사랑

마냐의 어머니는 폐결핵을 앓고 있었습니다. 그런 까닭에 자식들을 돌보지 못하고 방 안에 누워 있는 시간이 많았습니다. 아이들에게 자칫 병이 옮을까 봐 그릇도 따로 쓰고, 입맞춤을 하는 일도 없었습니다.

"엄마랑 함께 있고 싶어. 옆에서 조용히 책을 읽고 있어도 안 돼요?"

막내인 마냐는 엄마한테 곧잘 어리광을 부렸습니다.

"날씨가 좋으니 밖에 나가서 놀아라. 어서!"

어머니는 늘 냉정한 얼굴로 마냐를 돌려세웠습니다.

마냐가 일곱 살이 되었을 때, 집안 형편이 어려워졌습니다. 낡고 허름한 집으로 이사를 하고, 몇 명의 하숙생에게 받는 돈으로 어렵사리 생활할 수밖에 없었습니다.

더욱 슬픈 일은, 언니 조피아가 발진 티푸스에 걸려 숨을 거둔 것이었습니다.

"조피아! 오, 사랑하는 내 딸……."

슬퍼서 어쩔 줄 모르던 엄마는 병이 더욱 깊어지더니 끝내 세상을 떠나고 말았습니다.

이제 마냐의 가족은 아버지와 4남매만 남았습니다.

마냐는 어느새 사춘기 소녀가 되었습니다. 보기 좋을 만큼 통통한 몸매에, 유난히 고운 피부와 맑은 눈을 지닌 소녀로 자랐습니다.

마냐는 공립 학교에 장학생으로 들어갔습니다. 그리고 졸업식 때도 최우수 성적으로 금메달을 받았습니다.

그러나 마냐는 대학에 진학하지 못했습니다. 어머니 대신

집안 살림을 하느라 대학에 가지 못했던 브로냐 언니가 공부를 할 수 있도록 돕기 위해서였습니다.

"언니가 먼저 공부해. 나는 그 다음에 해도 되니까……."

동생의 양보로, 브로냐는 파리 소르본 대학에서 의학 공부를 시작했습니다. 마냐는 가정 교사를 해서 마련한 돈으로 언니의 학비를 보탰습니다.

1885년, 열여덟 살이 된 마냐는 생활비가 적게 드는 쉬추키로 옮겨 가정 교사 일을 하기로 했습니다.

그 마을은 마음씨 좋은 사람들이 모여 사는 외딴 시골이었습니다. 그곳에서 마냐는 동갑내기인 브론카와 개구쟁이 안지야를 가르치면서, 주변의 가난한 아이들에게도 눈길을 돌렸습니다.

"가난해서 학교에 가지 못하는 아이들을 가르치고 싶습니다. 폴란드 사람이면서 폴란드 글을 모른다는 건 너무나 슬픈 일입니다……."

마냐의 말에 브론카의 아버지는 빈 창고를 내주며 교실로

쓰게 했습니다. 책상과 의자도 필요한 만큼 가져다 주었습니다.

마냐와 브론카는 집집마다 찾아다니며 설득하여 공부할 아이들을 데려왔습니다. 그렇게 모인 열 명 남짓한 아이들을 가르치는 것은 큰 기쁨이며 보람이었습니다.

마냐는 아이들을 가르치고 돌아와서도 밤늦게까지 물리학과 화학 공부를 계속하며 꿈을 키워 나갔습니다.

어느 날, 브로냐 언니에게서 반가운 편지가 왔습니다.

사랑하는 동생 마냐에게

그동안 언니 학비를 벌기 위해 얼마나 고생했니?

네 덕분에 이 언니는 의과 대학을 졸업하게 되었단다.

사랑하는 사람이 생겨 곧 결혼도 할 거야.

그러니 이제 네가 공부할 차례란다.

그동안 모은 돈을 가지고 파리로 오려무나.

우리 집에서 함께 살면 생활비가 따로 들지 않으니 좋을 거야.

마냐, 꼭 와야 해.

기다리고 있을게。

마냐는 믿기지가 않았습니다. 그토록 가고 싶던 곳, 파리의 소르본 대학에 간다는 건 상상만 해도 신나는 일이었습니다.

곧바로 모든 준비를 마친 마냐가 프랑스로 떠나는 날이 되었습니다.

"오래 걸리지 않을 거예요. 늦어도 3년 안에는 학위를 받아서 아버지 곁으로 다시 돌아올게요."

아버지와 작별하는 마냐의 마음은 무척 아팠습니다.

파리에 와서

마침내 파리에 도착했습니다. 브로냐 언니 부부가 반갑게 맞아 주어 한결 마음이 놓였습니다.

"이곳이 바로 네 꿈을 키워 줄 소르본 대학이야."

세계에 널리 알려져 있는 대학의 교문 앞에 선 마냐의 가슴이 콩닥콩닥 뛰었습니다.

마냐는 당당히 소르본 대학 이학부에 합격했습니다. 이때 마냐는 이름을 '마리'로 바꾸었습니다.

마리는 언제나 맨 앞자리에 앉아 눈빛을 반짝이며 교수님의

강의에 귀를 기울였습니다.

"저 애가 누구야?"

"폴란드에서 유학 온 마리야. 공부도 잘하고 얼굴도 예쁘고 ……, 매력적이지?"

주위의 남학생들이 수군거렸습니다. 그러나 마리의 관심은 오직 공부에만 쏠려 있었습니다.

브로냐 언니 집에서 편안하게 지낼 수 있었지만, 종종 손님들이 드나들어 시끄러울 때가 많았습니다.

생각 끝에 마리는 학교 가까운 데다 방을 얻어 혼자 지내기로 했습니다.

월세가 가장 싼 6층짜리 아파트 맨 꼭대기 층은 비좁고 허름했습니다. 수도도, 전기도, 난방도 들어오지 않는 방이었습니다. 생활비가 빠듯했기 때문에 무엇이든 아끼는 수밖에 없었습니다.

겨울에도 난로를 피우지 않고, 여러 벌의 옷을 껴입은 채 추위를 이겨 냈습니다. 먹을 것이 떨어질 때도 많았습니다.

그러다가 마리는 영양 실조로 그만 쓰러지고 말았습니다. 브로냐 언니 집에서 며칠 동안 몸조리를 하고 자취방으로 돌아온 마리는 곧장 공부에 매달렸습니다. 물리학과 수학, 두 가지 학위를 따야겠다는 목표를 가슴에 품고 있었기 때문입니다.

　　스물여섯 살이 된 1893년, 마리는 드디어 물리학 학사 시험에 1등으로 합격했습니다.

　　기쁜 소식을 안고 바르샤바로 돌아온 마리는 즐거운 시간을 보냈습니다. 그런데 정작 방학이 끝나 파리로 돌아가려는데 여비가 없었습니다.

　　직장을 그만둔 뒤 남은 재산마저 사기당한 아버지께 손을 내밀 수는 없었습니다.

　　때마침 마리의 사정을 알게 된 친구 지진스카가 알렉산드로비치 장학금을 받는 절차를 알려 주었습니다. 그 장학금은 바르샤바 출신의 유학생에게만 주는 것이었습니다.

　　마리는 장학금으로 600루블을 받았습니다. 마치 신이 내린

선물처럼 귀하고 고마웠습니다. 마리는 그 돈을 쪼개어 요긴하게 썼습니다.

이듬해인 1894년에는 수학 학사 시험에도 합격했습니다.

그 무렵 마리는 폴란드 인 교수에게서 어떤 사람을 소개받았습니다. 열아홉 살에 이과 대학 조교가 되었을 만큼 재능이 뛰어난 과학자였습니다.

"피에르 퀴리라고 합니다."

"처음 뵙겠습니다. 마리 스클로도프스카예요."

피에르는 소박하고 영리한 마리가 마음에 쏙 들었습니다. 마리와 함께라면 무슨 일이라도 이루어 낼 수 있을 거라는 생각에 가슴이 뛰었습니다.

1895년 7월, 두 사람은 부모님의 허락을 받아 결혼을 했습니다. 그때부터 마리는 남편의 성을 따라 '퀴리 부인'으로 불렸습니다.

마리와 피에르의 살림살이는 소박했지만, 함께 사는 것만으로도 행복했습니다.

마리는 집안 살림을 하는 틈틈이 공부를 계속했습니다.

피에르는 물리 화학 실험실에서 연구하고 실험하는 마리를 거들어 주었습니다.

두 사람은 집에서도 밤늦도록 마주 앉아 공부하다가 잠이 들곤 했습니다.

　다음 해, 교사 자격 시험을 치른 마리는 당당히 수석으로 합격했습니다.

　1897년 가을, 퀴리 부부의 어여쁜 맏딸이 태어났습니다. 아기 이름은 이렌이라고 지었습니다.

　아기를 키우면서도 공부를 계속한 마리는, 이렌을 낳은 지

석 달 만에 연구 결과를 발표했습니다.

　그러나 기뻐할 새도 없이 슬픈 일이 찾아왔습니다. 시어머니가 병으로 돌아가신 것입니다.

　새집으로 이사한 마리는 홀로된 시아버지를 모셔 와서 함께 살았습니다. 성품이 인자한 피에르의 아버지는 바쁜 마리 대신 이렌을 잘 보살펴 주었습니다.

　"아버님이 함께 계셔서 항상 기쁘고 든든합니다."

　"허허허, 나도 너희와 지내는 게 참 행복하단다."

　마리는 밖에서 일하는 틈틈이 육아 일기도 쓰고, 살림도 잘하는 지혜로운 아내였습니다.

위대한 발견

이제 마리의 목표는 박사 학위를 받는 일이었습니다. 마리는 논문 주제를 '우라늄'으로 정하고, 여러 가지 자료를 조사하며 연구와 실험을 계속했습니다.

우라늄에서 방출(어떤 물질에서 선, 빛, 소리, 열 등이 나오는 현상)되는 광선의 양을 측정하고, 이러한 물질들의 공통점을 나타내기 위해 마리는 '방사능'이라는 용어를 만들어 냈습니다.

또한 그러한 물질들이 더 있는지 알아보려고 다른 광석으로도 실험을 계속했습니다.

'무엇인가 밝혀지지 않은 사실에 대해 연구한다는 건 얼마
나 가슴 설레는 일인가!'

소르본 대학 교수 임용에서 안타깝게 탈락하고 기운이 빠져
있던 피에르가 마리의 연구에 관심을 보이며 함께했습니다.

1898년, 마리와 피에르는 마침내 방사성 원소를 추출해 내는 데 성공했습니다.

"이 새로운 원소에 어떤 이름을 붙일까?"

생각 끝에 두 사람은 '폴로늄'이라는 이름을 붙였습니다. 마리의 조국 폴란드에서 따온 것입니다.

이들 부부의 연구는 여기서 끝나지 않았습니다. 우라늄 광

석에서 새로운 원소를 또 찾아냈습니다. 이 물질은 폴로늄보다 더 많은 방사선을 뿜어냈습니다.

"이 원소는 또 뭐라고 부르지?"

마리와 피에르는 새로운 이름 짓기에 골몰했습니다.

그 결과 탄생한 이름이 '라듐(알파·베타·감마 등 세 가지 방사선을 내는, 알칼리 토류 금속 원소의 하나)'이었습니다.

　전 세계 과학자들이 방사능에 관심을 기울이면서도, 마리와 피에르의 연구 결과는 쉽게 믿으려 하지 않았습니다.

　"폴로늄과 라듐에서 방사선이 나온다는 것을 직접 보여 주시오!"

　"당신들의 연구가 인정받으려면 정확한 근거가 있어야만 합니다."

　마리와 피에르는 자신들의 연구 결과를 증명하기 위해 오랜 기간이 걸리는 실험을 다시 해야 했습니다. 그러나 당장 부딪치는 문제점이 한두 가지가 아니었습니다. 새로운 금속을 눈에 보일 만큼 분리시키기 위해서는 엄청난 양의 광석이 필요했습니다.

　여기저기 수소문한 끝에 가까스로 광석을 지원받은 두 사람은 밤낮을 가리지 않고 실험에 매달렸습니다. 마리는 고약한 냄새에 시달리면서도 힘에 부치는 일을 기꺼이 해냈습니다.

마리는 20킬로그램이나 되는 물질과 씨름을 했습니다. 통을 옮기고, 액체를 붓고, 양철통에서 끓는 물질을 쇠막대로 몇 시간씩 젓다 보면 어느새 파김치가 되어 버리곤 했습니다.

그처럼 실패를 거듭하며 힘들게 지내는 동안 4년이라는 세월이 흘렀습니다. 어느 날 밤, 마리와 피에르가 실험실에 들어서는데 희미한 빛이 보였습니다.

"피에르, 저 빛 좀 보세요!"

두 사람은 빛을 내는 곳으로 얼른 달려갔습니다.

"어머나, 라듐에서 나오는 빛이에요!"

"오, 드디어 성공이야!"

두 사람은 얼싸안고 기쁨의 눈물을 흘렸습니다.

노벨 물리학상을 받다

마리의 실험 성공 소식이 전 세계에 보도되었습니다. 누구보다 기뻐한 사람은 마리의 아버지였습니다.

"장하다, 내 딸!"

수학과 물리 선생님으로 일생을 바친 아버지는 마리에게 누구보다 든든한 후원자였습니다.

1903년 12월 10일, 퀴리 부부의 방사능 발견과 우라늄 연구 공로를 인정한 스웨덴 왕립과학원은 노벨 물리학상을 수여하기로 결정했습니다.

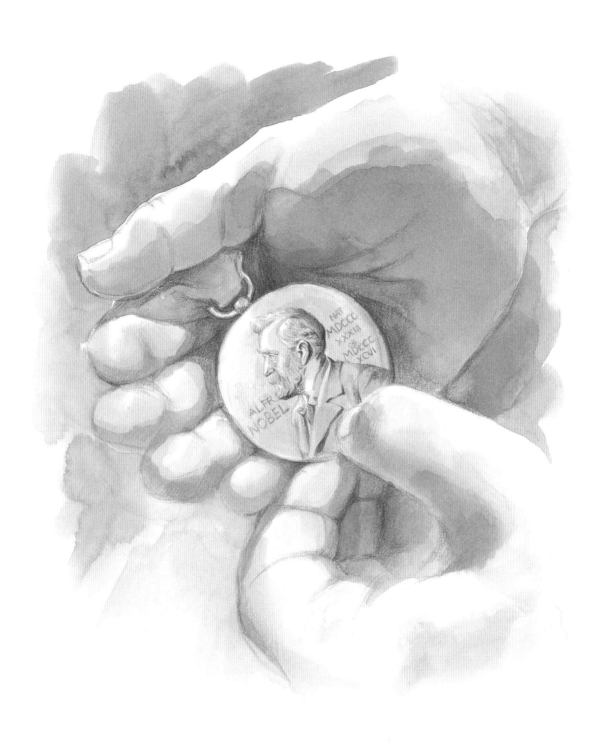

두 사람은 6만 프랑의 상금으로 여러 가지 일을 했습니다. 브로냐 언니 부부가 설립한 결핵 요양소와 과학 협회에 후원금을 내고, 가난한 사람들에게도 나눠 주었습니다.

세상 사람들의 관심이 온통 퀴리 부부에게 쏠렸습니다. 강연 부탁과 취재 요청에 따라 정신없이 바쁜 나날을 보냈습니다.

피에르는 라듐 발견에 따른 결과에 대해 여러 차례 강연을 했습니다. 라듐이 물리학 원리에 변화를 주고, 방사능에 대한 관심을 불러일으킨 것이 무척이나 자랑스러웠습니다.

유명해진 피에르는 물리 학교 선생님을 그만두고, 연구와 실험에만 집중하기로 했습니다. 경제적으로는 조금 나아졌지만, 몹시 고단한 나날이었습니다.

이듬해, 둘째 딸 이브가 태어났습니다. 이브는 몸이 통통하고 머리숱이 많은 건강한 아기였습니다. 휴가를 얻은 마리는 오랜만에 행복한 시간을 누릴 수 있었습니다.

귀여운 아기가 자라는 걸 지켜보며 날마다 육아 일기를 썼습니다. 새로 나는 젖니가 얼마나 귀여운지, 처음 옹알이를

노벨상 | 스웨덴의
노벨 재단에서 주는
노벨상 메달의 앞면입니다.

할 때의 사랑스러움 등에 대해 적으며, 마리는 엄마로서의 행
복을 느꼈습니다.

"어느새 내가 두 딸의 엄마가 되었어! 훌륭하게 자라도록 잘
보살펴야 해……."

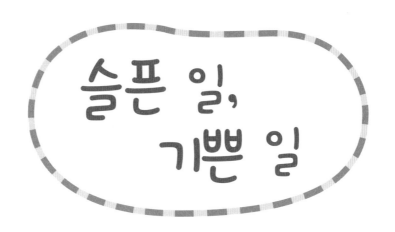

슬픈 일,
기쁜 일

1906년 4월, 비가 내리는 날이었습니다. 교수 회의를 마친 피에르는 센 강변을 지나 출판사를 찾아갔습니다. 억수같이 내리는 빗속을 뚫고 간신히 도착했는데, 출판사 문이 잠겨 있었습니다.

"이런, 아직 파업 중이군!"

피에르는 헛걸음한 것이 아쉬웠지만, 묵묵히 발길을 돌렸습니다.

다음은 과학원으로 가야 할 차례였습니다. 큰길을 건너려고

무심코 발을 내딛는 순간, 앞에서 마차 한 대가 쏜살같이 달려왔습니다. 깜짝 놀란 마부가 얼른 방향을 돌렸지만, 피에르가 넘어지는 바람에 뒷바퀴에 깔리고 말았습니다. 피에르는 머리가 으스러져 그 자리에서 숨을 거두고 말았습니다.

"사람이 쓰러졌다!"

사람들이 웅성거리며 모여들고, 경찰도 달려왔습니다.

"아니, 이 사람은 노벨상을 받은 그 과학자가 아닌가?"

"소르본의 그 유명한 교수 말이오?"

사고 소식이 소르본 이과 대학에 알려졌습니다.

피에르의 동료 교수가 급히 피에르의 집으로 소식을 전하러 갔습니다.

"저, 피에르, 피에르가……."

마침 혼자 집을 보던 피에르의 아버지는 새파랗게 질려 말을 잇지 못하는 손님 앞에 풀썩 쓰러져 버렸습니다.

"혹시……, 내 아들이?"

저녁때가 되어 외출에서 돌아온 마리도 남편의 사고 소식을

듣고 그 자리에 주저앉고 말았습니다.

'사랑하는 피에르!

가엾게도 사고를 당해 우리 곁을 떠나시는군요……。

우리는 당신의 차가운 이마에 입맞춤하고,

관 위에 꽃을 뿌리며 당신을 보냅니다.

부디 하늘나라에서 행복하시기를 기도합니다.'

피에르의 장례식이 끝났습니다. 아직 철모르는 어린 딸 둘을 두고, 피에르는 영원히 돌아올 수 없는 곳으로 떠난 것입니다.

마리의 슬픔을 위로하는 편지와 하얀 꽃다발이 장례식이 끝난 뒤에도 한참 동안 배달되었습니다.

브로냐 언니를 비롯한 가족들은 마리를 따뜻하게 위로하며 보살폈습니다.

얼마 뒤, 마리는 다음과 같이 마음을 다잡고 다시 연구에 매달렸습니다.

'삶은 누구에게나 힘겹다. 하지만 어쩌겠는가? 자기 자신을 믿고, 끊임없이 노력하는 수밖에……. 우리는 저마다 타고난 재능이 있으며, 어떤 어려움이 있어도 그 재능을 발휘해야 한다.'

가슴에 남은 피에르의 목소리가 가장 큰 힘이었습니다.

'사랑하는 마리! 용기를 잃지 말고 살아요!'

얼마 뒤 마리는 소르본 대학 최초의 여교수가 되었습니다.

1911년, 그동안의 라듐 연구 성과를 인정받아 노벨 화학상도 받았습니다. 평생에 한 번 받기도 어려운 상을 두 번씩이나 받은 마리에게 찬사가 쏟아졌습니다.

　　"여러분, 정말 고맙습니다. 오늘 제가 받은 이 큰 상은 결코 저만의 것이 아닙니다. 하늘나라에 있는 남편과 세계 여러 나라에서 과학 발전에 힘쓰는 모든 과학자들께 이 영광을 바칩니다."

　　마리의 겸손한 수상 소감에 감동한 사람들은 모두 자리에서 일어나 오래오래 박수를 보냈습니다.

위대한 일생

"이제 쉬어야 합니다. 모든 연구와 실험을 당장 중지하십시오."

마리의 건강은 의사가 걱정할 정도로 나빠지고 있었습니다. 그러나 마리는 편안한 휴식 시간을 가질 수 없었습니다.

1914년, 제1차 세계 대전이 일어나 유럽 전 지역을 휩쓸기 시작했기 때문입니다.

"이러고 있을 때가 아니야. 지금 전쟁터에서는 수많은 병사들이 죽어 가고 있는데……."

마리는 전쟁터의 야전 병원을 찾아갔습니다. 그리고 방사능을 이용한 X선으로, 부상당한 병사들을 치료하는 일을 도왔습니다.

X선은 전자파의 일종으로, 사람의 몸속을 사진으로 찍어서 뼈에 박힌 총알이나 파편을 쉽게 찾게 해 주었습니다.

전쟁이 끝나고 평화가 찾아올 때까지 마리는 전쟁터에서 정신없이 일했습니다. 부상병과 군의관 모두 마리의 희생 정신에 존경을 나타냈습니다.

전쟁이 끝나자, 조국 폴란드가 독립했다는 소식이 함께 전해졌습니다.

"폴란드 만세!"

마리는 150년 만에 독립을 맞은 그리운 조국을 생각하며 감격의 눈물을 흘렸습니다. 그러나 기쁨도 잠시뿐, 마리의 몸은 시나브로 쇠약해져 갔습니다.

이렌과 이브가 걱정스러운 얼굴로 엄마 곁을 지켰습니다.

어느덧 스무 살이 넘은 이렌은 어머니를 따라 물리학자의

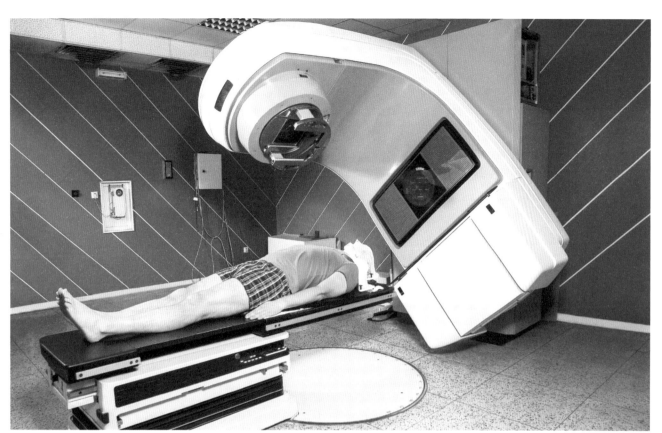

방사선을 이용한 치료 | 환자에게 방사선을 이용해 치료를 하는 모습입니다.

길을 걷고 있었습니다.

마리는 새로 지은 라듐 연구소에서 연구원으로 일하는 큰딸이 무척이나 자랑스러웠습니다.

둘째 이브는 음악에 남다른 소질이 있었습니다.

"뭐든지 네가 즐겁게 할 수 있는 일을 해라."

마리는 이브의 뜻에 따라 음악에 열중하도록 적극적으로 도와주었습니다.

　마리의 병세는 하루하루 눈에 띄게 나빠졌습니다. 조금만 움직여도 피곤해졌고, 자주 두통에 시달렸습니다. 수십 년 동안 방사능 연구에 매달려 사는 동안 얻은 병이었습니다. 전쟁 중에 자기 몸을 돌보지 않고 희생한 까닭도 있었습니다.

　백혈병 진단을 받고 스위스의 병원에서 치료를 받던 마리 퀴리는 1934년 7월 4일, 예순일곱의 나이로 조용히 눈을 감았습니다. ❁

마리 퀴리의 삶

연 대	발 자 취
1867년(0세)	폴란드의 수도 바르샤바에서 5남매 가운데 막내로 태어나다.
1878년(11세)	어머니가 폐결핵으로 세상을 떠나다.
1883년(16세)	여학교를 수석으로 졸업하고, 가정 교사를 하면서 돈을 벌어 독학하다.
1891년(24세)	프랑스 파리의 소르본 대학에 입학하여 수학과 물리학을 전공하다.
1893년(26세)	물리학 학사 시험에 수석으로 합격하다.
1894년(27세)	수학 학사 시험에 합격하다.
1895년(28세)	피에르 퀴리와 결혼하다.
1897년(30세)	맏딸 이렌이 태어나다. 라듐의 방사선에 대한 연구를 시작하다.
1898년(31세)	마리와 피에르 퀴리가 폴로늄과 라듐을 발견하다. 방사선을 방출하는 물질을 가리키는 '방사능'이라는 용어를 만들어 내다.
1902년(35세)	마리와 피에르가 순수 라듐을 분리해 내다.
1903년(36세)	소르본 대학에서 물리학으로 이학 박사 학위를 받다. 남편과 함께 방사능 발견과 우라늄 연구 공로를 인정받아 앙리 베크렐과 공동으로 노벨 물리학상을 받다. 마리와 피에르가 라듐을 발견한 공로로 데이비 훈장을 받다.
1904년(37세)	둘째 딸 이브가 태어나다.
1906년(39세)	남편 피에르가 마차에 치어 죽다. 여성으로서는 처음으로 소르본 대학 교수가 되다.
1910년(43세)	폴로늄의 융점을 확정하다.
1911년(44세)	라듐 연구로 노벨 화학상을 받다.
1914년(47세)	파리에 라듐 연구소가 세워지다. 제1차 세계 대전이 일어나자, 파리에 있는 라듐을 보르도에 숨기다. 딸 이렌과 함께 '작은 퀴리'라고 불리는 엑스선 차량으로 부상병들을 진료하다.
1918년(51세)	제1차 세계 대전이 끝나다. 파리 라듐 연구소의 초대 소장이 되다.
1921년(54세)	미국 백악관에서 하딩 대통령에게 라듐 1그램을 선물받다.
1934년(67세)	백혈병 진단을 받고, 스위스의 한 병원에서 숨을 거두다.
1995년	프랑수아 미테랑 대통령이 지켜보는 가운데 마리와 피에르 퀴리의 유골이 파리의 팡테옹에 안장되다.

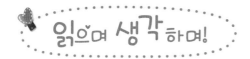

읽으며 생각하며!

1. 마리 퀴리가 어린 시절 즐겨 놀았던 곳은 어디였나요?

2. 마리와 피에르 부부는 방사성 원소를 발견해 내고, 여기에 '폴로늄'이라는 이름을 붙였습니다. 이 이름은 어디에서 따온 것인가요?

1898년, 마리와 피에르는 마침내 방사성 원소를 추출해 내는 데 성공했습니다.

"이 새로운 원소에 어떤 이름을 붙일까?"

생각 끝에 두 사람은 '폴로늄'이라는 이름을 붙였습니다.

3. 마리와 피에르 부부가 발견한 방사성 원소 두 가지는 무엇인가요?

4. 마리 퀴리는 두 딸을 낳았는데 그 중 한 명은 부모님을 따라 과학자가 되었습니다. 라듐 연구소에서 연구원으로 일한 마리의 딸은 누구였나요?

5. 다음 글을 통해 알 수 있는 마리의 성격은 어떻다고 생각하나요?

그러나 마냐는 대학에 진학하지 못했습니다. 어머니 대신 집안 살림을 하느라 대학에 가지 못했던 브로냐 언니가 공부를 할 수 있도록 돕기 위해서였습니다.

"언니가 먼저 공부해. 나는 그 다음에 해도 되니까……."

동생의 양보로, 브로냐는 파리 소르본 대학에서 의학 공부를 시작했습니다. 마냐는 가정 교사를 해서 마련한 돈으로 언니의 학비를 보탰습니다.

6. 마리 퀴리는 여성이기 때문에 받아야 했던 편견과 열악한 환경, 개인적인 아픔을 모두 극복하고, 20세기 최고의 여성 과학자가 되었지요. 그녀가 일생 동안 어떤 시련들을 겪었는지 적어 보세요. 그리고 숱한 어려움 속에서도 쓰러지지 않고 빛나는 업적을 이루어 낸 마리 퀴리의 삶을 통해 느낀 점을 적어 보세요.

마리와 피에르는 자신들의 연구 결과를 증명하기 위해 오랜 기간이 걸리는 실험을 다시 해야 했습니다. 그러나 당장 부딪치는 문제점이 한두 가지가 아니었습니다. 새로운 금속을 눈에 보일 만큼 분리시키기 위해서는 엄청난 양의 광석이 필요했습니다.

여기저기 수소문한 끝에 가까스로 광석을 지원받은 두 사람은 밤낮을 가리지 않고 실험에 매달렸습니다. 마리는 고약한 냄새에 시달리면서도 힘에 부치는 일을 기꺼이 해냈습니다.

풀이

1. 아버지의 서재.

2. 마리의 조국인 '폴란드'.

3. 폴로늄과 라듐.

4. 맏딸 이렌.

5. 예시 : 마리는 뛰어난 성적으로 공립 학교를 졸업했고, 누구보다 공부 욕심이 많은 아이였다. 그러나 브로냐 언니가 어렸을 때부터 엄마 대신 집안일을 도맡아 하느라 공부할 기회를 놓쳤다는 것을 알고 있었기에 기꺼이 언니에게 대학 입학의 기회를 양보했다. 뿐만 아니라 가정 교사 일을 하며 언니에게 학비를 보태 주었다. 어린 나이임에도 불구하고 양보심과 이해심이 많고, 속이 깊은 성격이라는 생각이 든다.

6. 예시 : 마리 퀴리는 어려서 어머니를 잃는 슬픔을 겪었고, 공부할 기회조차 언니에게 양보하며 가정 교사로 일해야 했다. 사랑하는 남편을 사고로 먼저 떠나보냈고, 열악한 환경의 실험실에서 몸에 해로운 방사능에 노출된 채 밤낮 연구에 매달린 탓에 큰 병을 얻어 목숨을 잃었다. 끊임없이 실패와 좌절을 거듭하기도 했다. 그러나 마리 퀴리는 단 한 번도 포기하거나 실망하지 않았다. 위인들을 보면 어려움을 이겨 냈다는 공통점이 있다. 나 또한 작은 실패나 실수를 두려워하지 않고, 오뚝이처럼 일어서도록 노력할 것이다.

위인 (인물)

- 광개토태왕 (374~412)
- 을지문덕 (?~?)
- 연개소문 (?~666)
- 김유신 (595~673)
- 대조영 (?~719)
- 장보고 (?~846)
- 왕건 (877~943)
- 강감찬 (948~1031)
- 최무선 (1328~1395)
- 황희 (1363~1452)
- 세종대왕 (1397~1450)
- 장영실 (?~?)
- 신사임당 (1504~1551)
- 이이 (1536~1584)
- 허준 (1539~1615)
- 유성룡 (1542~1607)
- 한석봉 (1543~1605)
- 이순신 (1545~1598)
- 오성과 한음 (오성 1556~1618 / 한음 1561~1613)

우리나라 역사

- 고구려 살수 대첩 (612)
- 신라 삼국 통일 (676)
- 대조영 발해 건국 (698)
- 견훤 후백제 건국 (900)
- 궁예 후고구려 건국 (901)
- 왕건 고려 건국 (918)
- 고려 강화로 도읍 옮김 (1232)
- 개경 환도, 삼별초 대몽 항쟁 (1270)
- 조선 건국 (1392)
- 문익점 원에서 목화씨 가져옴 (1363)
- 최무선 화약 만듦 (1377)
- 임진왜란 (1592~1598)
- 한산도 대첩 (1592)
- 허준 동의보감 완성 (1610)
- 병자호란 (1636)
- 상평통보 전국 유통 (1678)

- 고조선 건국 (B.C. 2333)
- 철기 문화 보급 (B.C. 300년경)
- 고조선 멸망 (B.C. 108)
- 고구려 불교 전래 (372)
- 신라 불교 공인 (527)
- 대조영 발해 건국 (698)
- 장보고 청해진 설치 (828)
- 왕건 고려 건국 (918)
- 귀주 대첩 (1019)
- 윤관 여진 정벌 (1107)
- 훈민정음 창제 (1443)

B.C. 선사 시대 및 연맹 왕국 시대	A.D. 삼국 시대	698 남북국 시대	918 고려 시대	1392

2000	500	400	300	100	0	300	500	600	800	900	1000	1100	1200	1300	1400	1500	1600

B.C. 고대 사회	A.D. 375 중세 사회	1400

세계 역사

- 중국 황하 문명 시작 (B.C. 2500년경)
- 인도 석가모니 탄생 (B.C. 563년경)
- 알렉산더 대왕 동방 원정 (B.C. 334)
- 크리스트교 공인 (313)
- 게르만 민족 대이동 시작 (375)
- 로마 제국 동서로 분열 (395)
- 수나라 중국 통일 (589)
- 이슬람교 창시 (610)
- 수 멸망 당나라 건국 (618)
- 러시아 건국 (862)
- 거란 건국 (918)
- 송 태종 중국 통일 (979)
- 제1차 십자군 원정 (1096)
- 테무친 몽골 통일 칭기즈 칸이 됨 (1206)
- 원 제국 성립 (1271)
- 원 멸망 명 건국 (1368)
- 잔 다르크 영국군 격파 (1429)
- 구텐베르크 금속 활자 발명 (1450)
- 코페르니쿠스 지동설 주장 (1543)
- 도요토미 히데요시 일본 통일 (1590)
- 독일 30년 전쟁 (1618)
- 영국 청교도 혁명 (1642~1649)
- 뉴턴 만유인력의 법칙 발견 (1665)

세계 위인

- 석가모니 (B.C. 563?~B.C. 483?)
- 예수 (B.C. 4?~A.D. 30)
- 칭기즈 칸 (1162~1227)

한국사 · 세계사 연표

한국 인물

정약용 (1762~1836) 김정호 (?~?)		주시경 (1876~1914) 김구 (1876~1949) 안창호 (1878~1938) 안중근 (1879~1910)	우장춘 (1898~1959) 방정환 (1899~1931)	유관순 (1902~1920) 윤봉길 (1908~1932)	이중섭 (1916~1956)	백남준 (1932~2006)	이태석 (1962~2010)		

한국 사건

이승훈 천주교 전도 (1784)
최제우 동학 창시 (1860)
김정호 대동여지도 제작 (1861)
강화도 조약 체결 (1876)
지석영 종두법 전래 (1879)
갑신 정변 (1884)
동학 농민 운동, 갑오 개혁 (1894)
대한 제국 성립 (1897)
을사 조약 (1905)
헤이그 특사 파견, 고종 퇴위 (1907)
한일 강제 합방 (1910)
3·1 운동 (1919)
어린이날 제정 (1922)
윤봉길·이봉창 의거 (1932)
8·15 광복 (1945)
대한 민국 정부 수립 (1948)
6·25 전쟁 (1950~1953)
10·26 사태 (1979)
6·29 민주화 선언 (1987)
서울 올림픽 개최 (1988)
북한 김일성 사망 (1994)
의약 분업 실시 (2000)

시대 구분

조선 시대 | 1876 개화기 | 1897 대한 제국 | 1910 일제 강점기 | 1948 대한민국

연대

1700 1800 1850 1860 1870 1880 1890 1900 1910 1920 1930 1940 1950 1970 1980 1990 2000

근대 사회 | 1900 | 현대 사회

세계 사건

미국 독립 선언 (1776)
프랑스 대혁명 (1789)
청·영국 아편 전쟁 (1840~1842)
미국 남북 전쟁 (1861~1865)
베를린 회의 (1878)
청·프랑스 전쟁 (1884~1885)
청·일 전쟁 (1894~1895)
헤이그 평화 회의 (1899)
영·일 동맹 (1902)
러·일 전쟁 (1904~1905)
제1차 세계 대전 (1914~1918)
러시아 혁명 (1917)
세계 경제 대공황 시작 (1929)
제2차 세계 대전 (1939~1945)
태평양 전쟁 (1941~1945)
국제 연합 성립 (1945)
소련 세계 최초 인공위성 발사 (1957)
제4차 중동 전쟁 (1973)
소련 아프가니스탄 침공 (1979)
미국 우주 왕복선 콜럼비아호 발사 (1981)
독일 통일 (1990)
유럽 11개국 단일 통화 유로화 채택 (1998)
미국 9·11 테러 (2001)

세계 인물

워싱턴 (1732~1799)
페스탈로치 (1746~1827)
모차르트 (1756~1791)
나폴레옹 (1769~1821)
링컨 (1809~1865)
나이팅게일 (1820~1910)
파브르 (1823~1915)
노벨 (1833~1896)
에디슨 (1847~1931)
가우디 (1852~1926)
라이트 형제 (형, 윌버 1867~1912 / 동생, 오빌 1871~1948)
마리 퀴리 (1867~1934)
간디 (1869~1948)
아문센 (1872~1928)
슈바이처 (1875~1965)
아인슈타인 (1879~1955)
헬렌 켈러 (1880~1968)
테레사 (1910~1997)
만델라 (1918~2013)
마틴 루서 킹 (1929~1968)
스티븐 호킹 (1942~2018)
오프라 윈프리 (1954~)
스티브 잡스 (1955~2011)
빌 게이츠 (1955~)

2024년 6월 10일 2판 4쇄 **펴냄**
2014년 2월 25일 2판 1쇄 **펴냄**
2008년 3월 20일 1판 1쇄 **펴냄**

펴낸곳 (주)효리원
펴낸이 윤종근
글쓴이 백승자 · **그린이** 원유미
사진 제공 중앙포토
등록 1990년 12월 20일 · **번호** 2-1108
우편 번호 03147
주소 서울시 종로구 삼일대로 457, 406호
전화 02)3675-5222 · **팩스** 02)765-5222

잘못 만들어진 책은 구입하신 서점에서 바꾸어 드립니다.
ISBN 978-89-281-0332-4 64990

이메일 hyoreewon@hyoreewon.com
홈페이지 www.hyoreewon.com